Wilhelm von Scherff

Studien zur neuen Infanterietaktik

Zweiter Teil: Die Friedensschule

Wilhelm von Scherff

Studien zur neuen Infanterietaktik
Zweiter Teil: Die Friedensschule

ISBN/EAN: 9783743495982

Hergestellt in Europa, USA, Kanada, Australien, Japan

Cover: Foto ©Suzi / pixelio.de

Manufactured and distributed by brebook publishing software (www.brebook.com)

Wilhelm von Scherff

Studien zur neuen Infanterietaktik

Studien

zur

neuen Infanterie-Taktik

von

W. von Scherff,
Major im General-Stabe.

**Zweites Heft:
Die Friedensschule.**

Berlin.
Verlag von A. Bath.
1873.

Die Friedensschule.

Einleitung.

Als wir in einer ersten Studie zur neuen Infanterietaktik die Frage nach den in dieser Richtung durch die verbesserte Bewaffnung nothwendig gewordenen Aenderungen zu beantworten suchten, wurde bereits wiederholt unsere Aufmerksamkeit auf die Bedeutung gelenkt, welche für den taktischen Erfolg im Kriege eine vorauserworbene Friedensgewohnheit in den nothwendigen Formen besitze.

„Die Friedensschule allein vermag die enorme Friction des Schlachtfeldes zu überwinden": mußten wir schon damals bekennen, und es erscheint wohl nur als ein naturgemäßer Abschluß der dort begonnenen Untersuchungen, wenn wir heute der Frage nähertreten: welchen Einfluß die in Bezug auf die kriegsbrauchbaren Formen gefundenen Resultate auf die Friedensausbildung unserer Infanterie — nach Stoff und Art — zu üben im Stande sind?

Es wird von vorneherein zuzugeben sein, daß die seitherigen Anforderungen, sowohl was den einzelnen Mann, als was die Truppe und ihre Führer bis zu den höchsten hinauf betrifft, durch die neuen Verhältnisse nicht unwesentlich gesteigert erscheinen.

Die als einzig noch mögliche Kampfform erkannte Einzelordnung macht vorher nicht in diesem Maße gekannte Anforderungen an den gemeinen Mann; die vergrößerte Unsicherheitssphäre stellt höhere Ansprüche an die Manövrirfähigkeit der Truppe; die complicirtere Gefechtsleitung und die unwiderruflicher fallenden Entscheidungen verlangen um so mehr ein geschultes taktisches Urtheil der Führer, als dieselben einestheils viel häufiger mit ihnen fremden Elementen handeln, anderntheils jedenfalls mit viel größeren Massen als früher operiren müssen.

So wenig freilich wie in jenen Formen selbst, liegt in diesen auf sie basirten Anforderungen der Ausbildung etwas an sich Neues, aber unverkennbar hat sich der Einfluß, der Werth, die Wichtigkeit des hierin Altgeleisteten im Großen eben so sehr erhöht, als im Detail verschoben. Unzweifelhaft aber ist es, daß wenn die Armee auch künftigen Gegnern gegenüber die jetzt errungene Ueberlegenheit behaupten will, eine fortdauernde Aufmerksamkeit auf diesen fortdauernden Veränderungsprozeß unumgänglich nothwendig, und darum wohl eine ausführlichere Untersuchung darüber gerechtfertigt ist! —

Vollste Selbstständigkeit des Mannes, höchste Manövrirfähigkeit der Truppe, rascher militairischer Blick der Unterführer, absolute Sicherheit der Massenleitung an höherer Stelle, das sind im Wesentlichen die Grundlagen einer erfolgreichen Gesammtthätigkeit zum Siege! Diesen Ansprüchen allen vorzuarbeiten ist die nicht leichte Aufgabe der Friedensschule — eine Aufgabe trotzdem, die erfüllt werden muß, wo eine Armee auf der Höhe ihres Berufes stehn soll!

Nun ist die individuelle Detailausbildung des Mannes schon längst ein Fundamentalsatz unserer Friedensmethode; es genießen die praktischen Truppenübungen der Armee eines europäischen Rufes; die theoretische Vorbildung unserer Offiziere steht auf einer anerkannt hohen Stufe; die Resultate dreier Campagnen haben alledem den Stempel der Erprobtheit aufgedrückt.

Angesichts solcher Thatsachen ist man berechtigt den Anspruch zu erheben, daß die Basis der seitherigen Friedensausbildung als etwas unerschütterliches festgehalten werde und daß nur diejenigen Modifikationen zu statuiren sind, welche die Erfahrung als nothwendig bezeichnet hat. Vor allem wird dabei als unantastbar Alles dasjenige bezeichnet werden müssen, was unsere Friedensschule für die Disciplin, den Patriotismus, die Ehrliebe — kurz für alle moralischen Seiten der Armee-Erziehung Hervorragendes geleistet hat.

Für uns, die wir uns hier mit der taktischen Ausbildung zu beschäftigen haben, wird es also lediglich darauf ankommen, zu untersuchen, wie das seither im Frieden in dieser Richtung Erstrebte und Erreichte sich im Kriege bewährt hat, bezüglich welche Fortschritte hierin zu machen sind. Denn mit wie befriedigtem Auge wir auch auf die erlangten Erfolge zurückschauen können, dem unparteiischen kritischen Blicke wird bei nachträglicher Prüfung Manches in unserer Taktik auffallen, was hätte — anders sein können!

Daß dem so war und ist, kann nicht Wunder nehmen, wenn man bedenkt, daß die colossalen technischen Veränderungen, welche die Neuzeit geboren hatte, im Kriege 1870/71 zum erstenmale praktisch aufeinanderstießen, und daß es mehr als gewagt gewesen sein würde, eine bewährte Friedensschule auf Grund rein theoretischer Speculation über Bord zu werfen.

Heute sind wir in der Lage den Maßstab der Erfahrung zu benutzen, um damit Länge und Breite des nothwendigen Ausbaues zu bemessen. An der Hand dieses Maßstabes aber das Geleistete und das zu Erstrebende messend, werden wir sagen müssen: wie vollkommen ausreichend sich auch die seitherige Ausbildung unserer Leute, Unteroffiziere und Subalternoffiziere bewährt hat, so weit sie eben die Wirkungssphäre jedes Einzelnen von ihnen betraf — es hat ihnen vielfach, recht vielfach an dem klaren und bewußten Verständniß für das Zusammenwirken zu einem großen Ziele gefehlt; und wie vertraut auch unsere Hauptleute, Stabsoffiziere und höheren Führer sich mit den Anforderungen des Krieges im Allgemeinen und der Kampfführung im Besonderen ge=

zeigt haben — es hat für sie doch große, oft unüberwindliche Schwierigkeiten gehabt, ihre respective Truppe als Theil eines Ganzen in den großen Rahmen einer Schlacht einzupassen!

Bei aller Anerkennung für das Detail des Geleisteten wird man also nicht um das Bekenntniß herumkommen, daß namentlich je größer die Verhältnisse sich gestalteten, taktische Fehler der Infanterie vorgekommen, häufiger vorgekommen sind, welche lediglich dem Mangel an einer den — freilich ja ganz neuartig auftretenden — Anforderungen der modernen Schlacht entsprechenden Friedenspraxis zur Last fallen!

Worauf anders, als auf nicht ausreichende Gewöhnung, Uebung in diesen Dingen — denn an Theorien hat es nicht gefehlt — kann es geschoben werden: wenn wir unsere Infanterie so oft losstürmen sahen, ehe der Artillerie genügende Zeit oder Gelegenheit zur Vorbereitung gelassen war; wenn große Truppeneinheiten in den Kampf abträufelten, ohne vorher ihren Aufmarsch vollendet zu haben; wenn nebeneinanderstehende oder kämpfende Abtheilungen ihre Vorstöße unabhängig von einander statt in geeinter Kraft führten; wenn verhältnißmäßig schwache Truppenkörper (Avantgarden z. B.) eine weit über ihre Kräfte gehende Frontentwickelung einnahmen und wenn dann einzelne Bataillone, Compagnien, ja endlich Züge sich nach da und dorthin von ihrem Stamm lösend, ihre eigenen Wege suchend, auf eigene Hand eindoublirten, angriffen, umgingen, verfolgten — bis daß der letzte Athemzug und die letzte Patrone auf der entgegengesetzten Ecke des Schlachtfeldes verbraucht war; und was dergleichen Beispiele mehr sein könnten!

Es ist in hohem Grade anzuerkennen, daß dergleichen Fehler im Laufe des Krieges seltener geworden, daß die Infanterie auf den Schlachtfeldern sich die Routine geholt hat, welche ihr in dieser Richtung abging — aber es will uns doch bedünken, daß dieses Endresultat nur um so mehr dazu auffordern muß, schon im Frieden dahin zu wirken, daß künftig dergleichen Fortschritte nicht erst zu machen bleiben und daß die Friedensschule der Zukunft Fehler hintenan halte, welche sie hintenan halten kann, wenn sie sich die Erfahrungen dieses für die nächsten Zeiten jedenfalls maßgebend - lehrreichen Krieges zur durchdachten Grundlage nimmt.

Man schmeichele sich nicht mit der Hoffnung, daß die jetzt gemachte Kriegserfahrung allein diesen Zweck schon erfüllen werde! Selbst wenn sie länger vorhielte, als sie es anerkanntermaßen der Friedensarbeit gegenüber thut, sind ihre Lehren doch auch oft sehr problematischer Natur, wenn die **Kritik** sie nicht sichtet und ordnet. Die Schlußfolgerungen aus dem „Selbsterlebten" nehmen oft wunderbar falsche Richtungen. Haben wir es doch nach 1866 gesehn, wie ein sonst scharf beobachtender und viel Wahrheit fördernder Geist durch seine Rückblicke dahin gelangen und damit Anklang finden konnte, zu behaupten: das eben sei das Richtige: die Infanterie müsse fernerhin fechten „wie die wilden Horden!"

Wenn freilich augenblicklich, wo die Erinnerungen noch frisch vor der Seele stehen, solche Predigt auch wenig Jünger mehr finden und die prinzipielle Eliminirung aller höheren Führung wohl schwerlich momentan ein Glaubenssatz auch des fanatischsten Theoretikers sein wird — es thut doch noth, festere Schranken, als die bloße „individuelle Kriegserfahrung" dagegen aufzuführen. Um vor der Wiederkehr solcher aus den „eigenen Erlebnissen" leicht emporwachsender Irrlehren auch in Zukunft sicher zu sein, gibt es nur das eine Mittel — die feststehende, auf den Bedürfnissen des großen Krieges errichtete Vorschrift!

Wir resumiren also für unsere Zwecke:

Das Fundament unserer Friedensschule hat sich durchaus bewährt, das Gebäude aber, welches wir fortan darauf zu erheben haben, muß der veränderten Taktik dieselben Dienste zu leisten im Stande sein, welche es früher der alten Taktik geleistet hat.

Mit andern Worten: die Schlacht, wie sie **heute** ist, muß

wieder — wie einst die Schlacht, wie sie war — in den Vordergrund unserer Friedensausbildung treten! und um an die Terminologie unseres ersten Heftes anzuschließen:

Die Friedensschule muß prinzipieller als seither zwischen Decisive und Demonstrative unterscheiden!*)

Wir verkennen nicht, daß solch' moderner Friedensarbeit große — aber wir denken nicht unüberwindliche Schwierigkeiten entgegenstehn. Wenn immerhin Vieles darauf Einfluß Uebendes im Frieden schlechthin undarstellbar bleiben wird; wenn auch in erster und entscheidender Linie dafür die Nothwendigkeit kostspieligerer, häufigerer Zusammenziehungen großer Truppenmassen anerkannt werden muß — es wird doch auch, außer durch des großen Friedrichs wieder auflebende „große Revüen," noch viel, sehr viel schon in den früheren und frühesten Stadien unserer Ausbildung dafür vorgearbeitet werden können.

Der Armee aber, welche auf den Schlachtfeldern des letzten Krieges durch ihren unübertrefflichen Geist und mit ihrem theuersten Herzblute solche große Erfolge errungen, wird es auch im Frieden nicht versagt bleiben: ihre neue Taktik auf die Höhe ihrer bewährten Strategie zu erheben und auch der Kunst der Schlachten den vollberechtigten Platz neben all den andern Vorzügen anzuweisen, welche sie in so hohem Maße auszeichnen!

Wenn wir, das erstrebte Ziel im Auge: der Ausbildung von Mann und Truppe, dann der Heranbildung der Führer näher treten, wird es vielleicht gelingen durch wünschenswerthe Modifikationen und Fortschritte in diesen beiden Richtungen, für die großen Truppenübungen ein Material vorzubereiten, welches diese letzteren den Anforderungen des großen Krieges so nahe kommen läßt, als solches im Frieden überhaupt nur irgend möglich ist.

---

*) Die 1870/71 geborene „Schützentaktik" ist von der Napoleonischen „Colonnentaktik" ebenso grundverschieden, als diese es von der Friedericianischen „Lineartaktik" war; an uns ist es: sie jetzt zur Manneskraft zu entwickeln! .

Erstes Capitel.

Die Ausbildung von Mann und Truppe.

Angesichts der modernen Anforderungen kann man heutigen Tages nicht mehr, wie es wohl einst Sitte war, von einem bestimmten Stoffquantum sprechen, dessen Besitz den vollkommenen Soldaten ausmachen sollte.

Die mechanischen äußerlichen Fertigkeiten, früher so entscheidend, haben in dem Maße an Bedeutung verloren, als der Soldat aufgehört hat nur ein Rad in der großen Truppenmaschine zu sein und selbst da, wo wie z. B. beim Schießen eine gegen früher bedeutend erhöhte äußere Fertigkeit von ihm verlangt wird, ist es doch schließlich die selbstthätige, von jedem Einzelnen richtig zu beurtheilende Anwendung dieser Kunst, welche den eigentlichen Kern der Leistung bildet.

Der stoffliche Inhalt der soldatischen Ausbildung bildet nicht mehr das einzige, ja kaum noch das Haupt-Kriterium zur Beurtheilung seiner Brauchbarkeit, die weit mehr von seinen moralischen und intellectuellen Eigenschaften abhängig geworden ist. Es wird schwerlich heute noch Jemand von einer begrenzbaren Summe Wissens und Könnens reden wollen, durch deren Innehaben die militairische Ausbildung als abgeschlossen betrachtet werden dürfe und die Flüssigkeit der modernen Taktik macht solchen Begriff auch ferner schlechthin zu einem unberechenbaren.

Daraus folgt — und folgte auch schon vor den letzten Erfahrungen — daß es sich vom soldatischen Standpunkte in der Ausbildungsfrage angesichts einer begrenzten Friedenspräsenzzeit eigentlich immer nur um ein relatives Minimum handelt und handeln konnte, mit welchem man sich begnügen muß — umgekehrt aber auch, daß bei gegebener Friedensdienstzeit die Ausbildung sich bemühen muß, möglichst in jedem Moment ihrer fortschreitenden Entwickelung ein gewisses relativ brauchbares Quantum Leistungsfähigkeit erzielt zu haben, welches sofortige Verwendung gestattet.

Vergegenwärtigen wir uns, um dies näher zu erläutern, ohne zunächst auf die Mittel der soldatischen Ausbildung einzugehen: ihr Endziel und ihren Stoff; das Ideal, zu welchem sie ein bestimmtes Material formen soll.

Den Mann als Einzelkämpfer und die Einzelnen in ihrer gegenseitigen Beziehung als Nebenkämpfer auf die höchstmögliche Stufe kriegerischer Leistungsfähigkeit (Schlagfähigkeit) zu bringen, sie zum Soldaten und zur Truppe zu machen ist das materielle Objekt der militairischen Ausbildung; Mann und Truppe gleichzeitig auf die moralische Höhe ihrer Aufgabe zu erheben ist das vom ersten Tage gleichberechtigt neben jene tretende Streben der militairischen Erziehung!

So das Ziel; das Material aber, aus welchem so Großes und Schwieriges geschaffen werden soll, stellt sich — vom taktischen Standpunkte aus gesehn und beurtheilt, dar als rohe, d. i. gänzlich unvorbereitete Masse!

Auch ohne daß wir uns hier auf culturhistorische Auseinandersetzungen und Beweise einzulassen brauchten, wird man uns zugeben, daß die modernen Armeen das Massenaufgebot des Volkes zur Grundlage haben, haben müssen, dessen größeste Mehrzahl aber doch vor der Aushebung dem Waffenhandwerk gänzlich fern gestanden hat.

Während es in früheren Zeiten nur galt eine beschränkte

Anzahl Berufsjoldaten auszubilden, gilt es also heute unter direct und indirect erschwerten Verhältnissen die Masse des Volkes in kurzer Dienstzeit zur schwieriger gewordenen Kriegsbrauchbarkeit anzulernen!

Angesichts solcher Umstände war wohl das oben erwähnte „Begnügen mit dem Minimum" schon längst geboten; beim Vergleich des jüngst vergangenen früher, mit dem heutigen jetzt! aber wird diese Nothwendigkeit sich noch eclatanter geltend machen! —

Die Anforderungen — wir haben es in der Einleitung hervorgehoben — sind wiederum intensiver geworden; die zugemessene Zeit ist dieselbe geblieben! Die künftige Friedensausbildung kann nicht mehr umhin, eine möglichste quantitative Beschränkung eintreten zu lassen, will sie sich nicht einer verhängnißvolleren qualitativen Herabminderung aussetzen.

Wie weit solch' stoffliche Minderung der Ausbildung zu Gunsten der Aufrechterhaltung — womöglich Steigerung — des an Bedeutung gewachsenen qualitativen Werthes gehen kann und darf, ob und wie darin durch das System der Ausbildung nachgeholfen werden kann, ist also nothwendig zu untersuchen!

Bei weiterer Ueberlegung dieser wichtigen Frage wird man bald an einen — vielleicht seither nicht voll gewürdigten Unterschied geführt, welcher zwischen der kriegsbrauchbaren Leistung des einzelnen Mannes und der der Truppe besteht.

Für die kriegerische Gesammtleistungsfähigkeit einer Truppe ist es nämlich nicht nothwendig, wie man denken könnte nie nothwendig, weil nie erreichbar, gewesen, daß jeder einzelne Soldat für alle an die Truppe möglicherweise herantretenden Aufgaben des Krieges gleichmäßig vorbereitet sei.

Wenn auch theoretisch zugestanden werden muß, daß eine aus lauter vollkommen ausgebildeten Soldaten zusammengesetzte Truppe das Vollkommenste leisten wird, so ist ein solcher Gemeinplatz doch, weil er eben auf einer heutigen Utopie beruht, für die Praxis gänzlich werthlos. Angesichts der Dinge, wie sie wirklich

liegen, lautet unsere Frage correct gestellt nur so: ist eine Truppe
kriegsbrauchbarer, wenn sie aus Soldaten zusammengesetzt ist,
welche in allen möglicherweise im Kriege zu machenden Anforderungen
eine gewisse gleichmäßige Durchschnittsvorbildung genossen haben,
oder, wenn sie aus Soldaten besteht, von denen die Mehrzahl in
den hauptsächlichen und immer wiederkehrenden Aufgaben des
Krieges eine ausreichende Sicherheit besitzt, von denen aber
nur eine Minderzahl in die schwierigeren, selteneren, nichtentschei=
denden Thätigkeiten der Ernstpraxis eingeweiht ist?

Daß es sich wirklich heutigen Tages nur um diese Alter=
native handeln kann, daß es in den zur Disposition der Aus=
bildung stehenden zwei bis drei Jahren factisch unmöglich ist,
jedem Infanteristen in allen möglicherweise von ihm zu ver=
langenden Kriegsleistungen eine ausreichende Sicherheit zu
geben, wird man uns ohne Beweis zugestehn. Sicher in seinem
Berufe oder Handwerk ist doch noch nicht Derjenige, der die äußer=
lichen Handgriffe und Formen kennt, welche „unter Umständen"
auszuführen sind, sondern nur Derjenige, welcher sich auch ein Ver=
ständniß für ihre Verwendung gebildet hat und also bestimmt und
zweifelsohne weiß, was er in jedem einzelnen Falle zu thun hat.

Wenn aber nun eine zeitlich begrenzte Friedensschule grund=
sätzlich darnach strebt, jeden Soldaten in jeder Richtung, soweit
es Zeit und Umstände erlauben, auszubilden, so leuchtet es ein,
daß durch solch' Verfahren eine höhere Entwickelung der mit mehr
Geschick oder Lust an der Sache, als die mindergünstig prädisponirte
Mehrzahl Begabten nur gehemmt werden muß und daß in Folge
dessen als Gesammtresultat naturnothwendig nur eine gewisse Durch=
schnittsleistung erreicht werden kann. Wenn dann auch immerhin
Einzelne über dem Niveau stehen, sie werden doch kaum durch
ihre Leistungen den Vielen unter dem Niveau gebliebenen gegen=
über so sehr überwiegen, daß damit für das Ganze etwas ge=
wonnen wäre. Anders und ganz sicherlich günstiger aber wird sich
die Sache gestalten, wo man in der Friedensausbildung, der indi=

viduellen Befähigung Rechnung tragend, sich für die Gesammt=
heit nur das absolut Nothwendige im Kriege zum Ziele steckt und
ausschließlich mit denjenigen zu den schwierigeren Aufgaben fort=
schreitet, welche wirkliche **militairische Anlagen** dokumentirt
haben. Man wird diese dann zu absolut viel **höheren** Leistungen
heranbilden können, als solches seither und ohne diese Trennung
der Fall ist; für den großen Rest aber Zeit und Gelegenheit ge=
winnen, auch **ihn** für seine nothwendigen Thätigkeiten desto **sicherer**
vorzuüben. Wenn aber dann an die Truppe die Anforderungen
einer ungewohnteren Leistung herantritt, so wird für den **grade
vorliegenden bestimmten Fall**, Einfluß und Vorbild der auch
hierfür desto **vollkommener** ausgebildeten Leute auf die übrigen:
die beanspruchte Gesammtleistung nicht nur nicht herabgemindert,
sondern weit eher erhöht haben.

So möchten wir denn also resümirend sagen: wenn **seither**
das Gebäude unserer Friedensschule darauf eingerichtet war, dem
idealen Streben nach all= oder doch möglichst vielseitiger Ausbildung
jedes einzelnen Infanteristen und durch die **Summe der Einzelnen**
der Truppe zu dienen, so müssen wir jetzt uns bestreben, auf dem
unerschüttert bleibenden Fundamente alter Tradition eine Schule
classenweiser Ausbildung zu errichten!

Nichts Neues ist im Grunde auch damit verlangt; in unserer
bewährten Schießinstruktion ist das System dieser **freiwilligen
Beschränkung** erfolgreich schon lange eingebürgert; der praktische
Sinn unserer „ausbildenden Classe" hat bereits lange auf den
verschiedenen Gebieten diese **Unterscheidung in der Masse** geübt;
aber trotzdem ist es nicht gleichgültig oder unnütz, dasselbe **aus=
drücklich als leitende Richtschnur unseres Ausbildungs=
Modus** zu proklamiren, um damit Klarheit über das zu er=
strebende Ziel zu geben. Nur so ist es möglich, dem allzu=
idealistischen Prinzipe der allseitigen Vollkommenheit die Spitze ab=
zubrechen, durch welche seine Experimentir=Kunststücke den Erfolg
überhaupt so leicht gefährden. Es unterliegt keinem Zweifel, daß

unfer seitheriges Verfahren mindestens von dem **Streben nach** jener Allseitigkeit beherrscht war, wie denn auf Exercierplätzen und im Feldbienste dem jungen Soldaten vom ersten Dienstjahre an alle irgend denkbaren Formen und Gefechtsthätigkeiten gezeigt wurden, in welchen ihn zu festigen dann die Aufgabe der repetitorischen Uebungen der folgenden Jahre sein sollte. Wenn aber angesichts der sich immer steigernden Ansprüche doch einmal die Hoffnung **aufgegeben** werden muß, dieses Ziel mit **allen Leuten** zu erreichen, bleibt unstreitig die absichtliche und **bewußte Beschränkung** dem Probiren, wie weit man wohl kommen könne, vorzuziehen.

Daß ein solches Streben, wenn es nicht wirklich das **Höchste** erreicht, eher nachtheilig, als vortheilhaft wirken muß, läßt sich vielleicht am klarsten an dem Beispiele des Entwickelungsganges unserer Friedensübungen „**im zerstreuten Gefecht**" erläutern.

Alle unsere Instruktionen, Anleitungen, Leitfäden für diesen Dienstzweig datiren aus einer Zeit, wo durch die ersten Anfänge besserer Bewaffnung — namentlich der eigenen Armee — dem Schützengefecht zwar eine erhöhte Bedeutung beigelegt wurde, wo dasselbe aber doch noch unendlich weit davon entfernt war, auch nur als gleichberechtigt neben die Massenordnung treten zu können. Als Ziel aller Ausbildung im Tiraillement konnten daher damals naturgemäß nur diejenigen Gefechtslagen ins Auge gefaßt werden, welche wir mit dem Gesammtnamen „demonstrative" bezeichnet haben. Die möglichst hohe Entwickelung der „Schützen" in diesen Richtungen durfte damals für über und über ausreichend auch für ihre sekundäre Rolle in den entscheidenden Kolonnenkämpfen gelten.

Der Exercierplatz mit seinen Kolonnen nach der Mitte und Schützen in der Intervalle blieb die Vorschule für den Massenkampf: die Schlacht; die Feldbienstübung diente der Schützenausbildung für ihre Aufgaben zweiter Ordnung!

An diesen gewohnten Friedensverhältnissen hatte die kurze Campagne von 1866 gegen Vorderlader nur unwesentlich erst gerüttelt, als der neue Krieg mit seinen ganz andern Anforderungen an die Armee herantrat.

Es kann nicht Wunder nehmen, daß als die verheerende Wirkung neuester Erfindungen jedem Einzelnen die unabweisliche Nothwendigkeit des Bruches mit den alten Kampfes-Traditionen vor Augen stellte, die Führer oben und unten den einzig **möglichen Wechsel** rasch entschlossen realisirend: die Felddienstübung an die Stelle des Exercierplatzes stellten!

Aber die Schlacht von heute ist keine vergrößerte Felddienstübung!

Die Verwendung von Massen in der Einzelordnung zur Entscheidung, hat nichts gemein mit der Verwerthung der Einzelordnung zu Zwecken der Demonstrative!

Auf diesen im Sturm und Drange des ersten Momentes wohl nicht genügend erkannten, in der seitherigen Friedensausbildung noch gänzlich nebensächlich behandelten und jetzt unerwartet zu entscheidender Wichtigkeit gelangten Unterschied, sind in letzter Instanz alle jene taktischen Fehler der Infanterie zurückzuführen, von denen oben die Rede war!

Dieser durchschlagende Unterschied aber liegt, unserer Ansicht nach, in dem grundverschiedenen Verhältnisse, in welchem demonstrative und decisive Gefechtsthätigkeit: zum Terrain stehen!

Während nämlich in demonstrativen Gefechten die Truppe nicht allein berechtigt, sondern verpflichtet ist, ihr Verfahren dem Terrain **anzupassen**, es demselben **unterzuordnen**, kann beim Decisivkampfe nur davon die Rede sein, das Terrain in der einen entscheidenden Richtung nach bester Möglichkeit **zu benutzen**, es sich **dienstbar zu machen.**

In den „Felddienstübungen" hatte unsere Infanterie nur die erstere Kunst erlernt; die meist nur kleinere Verhältnisse darstellenden „Feldmanöver" hatten, trotz etwa untergelegter „Entscheidungs-

Ideen" meistens doch auch bei der Kleinheit der Abtheilungen das Terrain als maßgebendes Element anerkennen müssen; die Vorbildung zur Schlacht aber war auf die Exercierplätze beschränkt geblieben oder hatte in den kurzbemessenen Tagen der „Divisionsexercitien" nicht ausreichende Gelegenheit noch Grund gehabt, das Altgewohnte abzustreifen.

So fehlte schließlich im entscheidenden Momente trotz aller Einzelvollkommenheit, das eigentlich Nothwendige!

Daher dann das Auseinanderstreben, um günstigeres Terrain zu suchen, daher die übertriebene Frontausdehnung, daher die oft so bunte Untereinandermischung — alles Dinge, die mit dem den „Felddienstübungen" entsprossenen Begriff der Gleichbedeutung: von „Terrain" mit „Spielraum, Freiheit, Losgebundenheit von höherer Führung" aufs innigste zusammenhängen.

So ist es denn gekommen, daß die prinzipielle Unterscheidung zwischen Felddienst- und Exercier-Uebung, großgezogen um auf jedem dieser Felder das möglichst vollkommene zu leisten, schließlich auf dem Schlachtfelde Schwierigkeiten erzeugt hat, welche nur die hohe Intelligenz unserer Führer und die aufopfernde Hingabe unserer Leute noch glücklich überwunden haben.

Ehre der Energie und Gewandtheit, wie diese Schlachten durchgeführt worden sind, aber für taktisch richtig muß man sie nicht ausgeben und wir dürfen nicht darauf rechnen, daß die wahrscheinlichen Gegner der Zukunft sich das nicht auch schon überlegt haben sollten.

Abhülfe ist nöthig, man hat es im Kriege selbst schon gefühlt und erstrebt; speziell der Friedensmuße liegt es jetzt ob, sie zu schaffen und überall in der Armee regt es sich, sie zu suchen!

Kehren auch wir zu der Frage zurück, ob die seitherige Allseitigkeits-Tendenz dies Ziel erreichen kann? Wir glauben: nein! nein, solange ihr nicht etwa eine Ausbildungszeit zur Disposition gestellt ist — über die wir eben nie werden verfügen können!

Eine Methode, welche bei beschränkter Dienstzeit, sich die vollkommene, mindestens die ausreichende Ausbildung eines jeden Recruten in jeder Richtung als Zweck setzt, welche nur in der Summe der Einzelleistungen die Leistungen der Truppe sieht, statt diese in der organischen Gliederung ihrer Arbeit zu suchen, wird und muß angesichts der so außerordentlich gestiegenen Anforderungen der Gegenwart sich alsbald so verflachen, daß sie nach keiner Richtung hin mehr etwas genügendes leistet.

Darum gilt es, kurz entschlossen zu sagen: wir brauchen für die neue Taktik vermehrte Truppen-Uebung und müssen die Zeit dafür heraussparen, indem wir nicht mehr von der Masse der einzelnen Soldaten, Alles überhaupt im Kriege zu Leistende verlangen!

Der Werth der Einzelausbildung an und für sich ist gestiegen, nicht aber ist es möglich diesen inneren Zuwachs durch vermehrtes stoffliches Detail beim Einzelnen zu erstreben; hierin im Gegentheil müssen wir mindern, um auf der andern Seite die Leistungen der Gesammtheit erhöhen zu können. Die bewährten Grundsätze für die Ausbildung bleiben dieselben, ihre materiellen Aufgaben und Ziele nur müssen geändert werden.

Ausreichende Sicherheit Aller im Nothwendigen, möglichste Leistung der Beanlagteren im Wünschenswerthen der Kriegsarbeit — muß die Parole einer kurzen Friedensdienstzeit sein!

Was unter diesem Nothwendigen zu verstehn: wird für Denjenigen nicht zweifelhaft sein, welcher uns durch das erste Heft dieser Studien begleitet hat.

Die einzig möglichen Entscheidungsformen des Kampfes, von ihnen beiden natürlich ganz besonders die Offensive, sind das immer Wiederkehrende, das Unausbleibliche, das an Jeden Herantretende, so lange Krieg Krieg bleibt; gegen sie sind die Nichtentscheidungsformen, trotz ihrer vielleicht bedeutenderen technischen Schwierigkeiten erst das Wünschenswerthe!

Wenn wir nun ferner nach dem Detail des Wissens und

Könnens für diese verschiedenwerthigen Formen fragen, so müssen wir dabei jedesmal unterscheiden zwischen den Anforderungen an das Individuum und denen an die Truppe.

Mit diesen Fragen aber betreten wir das Gebiet der **Praxis** der zukünftigen Friedensschule, von der sich zeigen wird, daß sie im **täglichen Leben des Dienstes** nicht so sehr von dem seitherigen abweicht, als man nach alle dem wohl glauben oder — fürchten könnte!

Wenden wir uns zunächst zum Nothwendigen und darin zum Einzelkämpfer!

In jedem Entscheidungskampf tritt an den Soldaten als erste Anforderung heran: eine von hoher persönlicher Energie getragene **Disciplin!** Als eine moralische Eigenschaft dem, wie wir oben bemerkten, hier (wo wir nur die **formale** Seite der Dinge betrachten wollen) nicht zu berührenden Gebiete militairischer Erziehung angehörig, ist diese Grundbedingung großer Erfolge hier doch nicht mit Stillschweigen zu übergehen, weil auf das äußerliche Hülfsmittel ihrer Entwickelung hingewiesen werden muß, welches eine **rationell betriebene Gymnastik** bietet, die, indem sie dem Manne die unbedingte Herrschaft über seine Gliedmaßen gibt, ihn selbst an die strafffte Ordnung und Anspannung im Gliede — an **selbstbewußte Unterordnung** — gewöhnt.

Die **volle Fähigkeit des Waffengebrauchs** tritt als zweites Erforderniß für den Entscheidungskampf hinzu!

Der sichere Schuß macht den guten Infanteristen; die Entfernungen aber, auf welche es in der Decisive ankommt, überschreiten heutigen Tages grundsätzlich nicht 400 Schritt. Zwischen 450 bis 150 Schritt als äußersten Grenzen liegt die bei weitem häufigste Feuerthätigkeit bei ernstgemeinten Engagements. Die Entfernungen zwischen 200 bis 400 Schritt bilden also den Tummelplatz für die hier nothwendige möglichst gründliche Ausbildung. Es kommt darauf an, auf diese Entfernungen die Sicherheit des Schusses aufs Höchste zu entwickeln und dabei gleichzeitig seiner in Entscheidungskämpfen eine so große Rolle spielenden Raschheit, wie der Verschiedenartigkeit der (gedeckten oder sich auf den Schützen zu bewegenden) Ziele, Rechnung zu tragen. — Aber die Kugel ist noch nicht das letzte Wort der Entscheidung. Der Gebrauch des Bajonets muß Gegenstand frühester Gewöhnung werden und durch ein vernünftiges, wirklich verwendbares, allmählig zum Contrafechten fortschreitendes Bajonetfechten gefördert werden, sei es auch nur seines moralischen Einflusses wegen! —

Die Gewandtheit in der Terrainbenutzung ist das dritte Erforderniß der Einzelausbildung für die Entscheidungsformen!

Die Möglichkeit jeden beliebigen Terraingegenstand für eine sei es auch noch so momentane Deckung oder erleichterte Waffenwirkung zu benutzen event. einzurichten (!) ist für die Lagen der entscheidenden Offensive, wie für das Abwehr-Stadium der Defensiv-Offensive ein wichtiges und darum allgemein zu kennendes Hülfsmittel. Solche Ausbildung im Terrain soll und darf aber nie dazu führen, die vorgeschriebene Richtung der persönlichen Gefechtsthätigkeit willkürlich modifiziren zu lassen. Die in der bestimmt gegebenen Angriffsrichtung gelegenen Terrainvergünstigungen zu nutzen, die in der bestimmt bezeichneten Abwehrstellung vorgefundenen Hülfsmittel verwerthen zu können, das und nur das ist es, was gelehrt und gelernt werden soll. Hier grade liegt der wesentliche Unterschied zwischen den jetzigen und den früheren Uebungen „im Terrain". Die Massenverwendung der Einzelordnung kann und darf nicht jenen Spielraum mehr gewähren, welcher „im Felddienst" bewilligt die Auflösung so sehr zu fördern geeignet war.

Wir wenden uns zu den formalen Anforderungen der Decisive an die Truppe!

Sichere und geschlossene Bewegungsfähigkeit in der Massenordnung steht oben an, als Ausgangspunkt, wie als Schlußstein jeder dazwischen liegenden Kampfesthätigkeit und die

Fähigkeit raschen Uebergangs aus einer Form der Massenordnung in eine andere (Evolutioniren)

und aus dieser in die Einzelordnung und umgekehrt (Schwärmen — Railliren) tritt hinzu.

Gegenüber der zur Kampfregel gewordenen Einzelthätigkeit und ihren Verführungen zu Vernachlässigung und Unordnung, muß die **Straffheit in der Masse, die vollkommenste Ordnung und Präzision** nur um so bestimmter betont, um so entschiedener verlangt werden. Da aber der disciplinirende Werth dieser Uebungen nicht in ihrer Menge und Massenhaftigkeit, sondern in der Art, wie jede einzelne ausgeführt wird, liegt, so genügen die im Kriege wirklich nothwendigen Formen für diesen Zweck vollkommen und wir werden darauf zurückzukommen haben.

Beweglichkeit, Appell, Feuersdisciplin in der Einzelordnung ist — last not least — die dritte Anforderung an die formale Truppenausbildung zur Decisive!

Die eine und einzige wirkliche Kampfform mit ihren uns heute noch so vielfach neuen, mindestens ungewohnten selbst rein formalen Anforderungen (verschiedene Bewegungen, Feuerarten 2c.) **muß zur zweiten Natur unserer Infanterie werden.** Wer will verkennen, daß hier das Feld, auf welchem ein großer Theil der anderweit zu ersparenden Zeit mit Vortheil selbst auf dem Exercierplatz, namentlich aber im verschiedenartigsten Terrain, wieder zugesetzt werden kann und muß.

Eine allgemeine Kenntniß der Formen und Obliegenheiten des Sicherheitsdienstes — durch eine auf das wirklich Nothwendige zu beschränkende und möglichst zu vereinfachende praktische Anleitung gelehrt, wird schließlich die Masse der Infanterie jeder Eventualität des großen Krieges gewachsen erscheinen lassen.

Alle Anforderungen, welche über die hier als nothwendig spezialisirten hinausgehen, mögen sie auch sonst als noch so wünschenswerthe bezeichnet werden müssen, sind unserer Ansicht nach heutigen Tages von der Masse der Infanterie nicht mehr zu leisten; können aber auch ohne Nachtheil für das Ganze fallen gelassen werden, wenn wir dafür eine desto gründlichere Ausbildung der **beanlagteren Leute** eintauschen.

Wir haben uns zu den Anforderungen in **dieser Richtung** zu wenden! Wenn im Sinne des Klassen=Prinzips grundsätzlich erst nach Ablauf des ersten Dienstjahres, d. h. **also namentlich erst nachdem** der junge Soldat sich bei Gelegenheit der Herbstübungen ein Bild vom täglichen Leben des Krieges zu machen gelernt hat, mit **denjenigen — und nur mit ihnen —** welche sich bis jetzt durch leichtere Fassungsgabe, Naturbegabung, erwecktes Interesse 2c. vor der Masse ausgezeichnet haben, ein weiterer Schritt vorwärts gethan wird, so kann — wie bereits erwähnt — ein solches Verfahren nur Vortheile haben. Das Uebungsgebiet einer in dieser Art gewissermaßen zu bildenden Elite in jeder Compagnie würde dann alles dasjenige umfassen, was wir seither unter dem Namen „Felddienst" im engeren Sinne getrieben haben. Vor Allem würden diese Leute in die, wenn man so sagen kann, „feinere" Terrainbenutzung einzuführen sein, welche ihnen den Blick für das „Anpassen der eigenen Thätigkeit an das Terrain" eröffnen, gleichzeitig aber auch sie die „beschränkten Fälle" kennen lehren wird, in welchen dergleichen gestattet ist. Der Patrouillendienst, soweit er von der Infanterie geleistet werden kann, die Unternehmungen des kleinen Krieges; dann aber auch die Anleitung zu denjenigen Arbeiten und Verrichtungen, zu welchen die Infanterie „unter Umständen" genöthigt ist, als z. B. felbfortifikatorische 2c. werden mit ihnen praktisch und theoretisch zu üben und mindestens theoretisch so weit angängig auch z. B. das Verhalten im Cernirungs=, Belagerungs= und Festungskriege — Dienstbranchen, von denen trotz ihrer Wichtigkeit seither im Frieden kaum die Rede war — mit ihnen durchzusprechen sein.

Es kann nicht Zweck, noch Absicht dieser Zeilen sein, hierin in die Details der Ausführung zu gehen. Das Wie? in diesen Dingen gehört ja laut Allerhöchster Verfügungen recht eigentlich denjenigen, von welchen das Was! verlangt wird; und unsere Auf=

gabe hier hat nur darin zu bestehen, die zu stellenden Anforde=
rungen zu präzisiren. Dafür aber, daß dieselben auch für alle
„wünschenswerthen Aufgaben" des Krieges ausreichen, selbst
wenn wir prinzipiell auf eine allseitige Ausbildung verzichten,
hoffen wir in dieser Untersuchung den nothwendigen Beweis er=
bracht zu haben.

Wie wir aber schon das Resultat unserer Schießausbildung
in den Entlassungspapieren des Mannes vermerken, so könnte ja
auch in dieser Richtung der Ausdruck: z. B. „zum Schützenführer
ausgebildet" Platz finden und somit ein für allemal die erlangte
Ausbildungsstufe bezeichnet werden!

So resümiren wir denn:

angesichts der erhöhten Anforderungen muß eine beschränkte
Dienstpräsenz sich begnügen, die Masse der Infan=
terie auf einen möglichst hohen Grad der Sicherheit
in den Formen taktischer Entscheidung zu bringen;
und kann die allseitige Leistungsfähigkeit der Truppe
nur in einer desto sorgfältigeren Vorbereitung des bean=
lagten Theils der Mannschaft auch für die nicht=
entscheidenden Thätigkeiten des Krieges erstrebt werden!

Aber auch selbst, wenn dieser Grundsatz des Ausbildungs=
Verfahrens allseitig praktischen Eingang gefunden, wird man um
wirkliche Sicherheit in der Masse zu erlangen, noch immer ge=
nöthigt sein, auch stofflich — wie schon oben angedeutet — auf
das strikteste Maaß des wirklich Kriegsbrauchbaren herabzugehen!

Es bleibt uns noch übrig an der Hand der heutigen Taktik
einen Blick auf diese Seite der Frage zu werfen, um daraus das
Maaß der zulässig erscheinenden Einschränkung festzustellen.

Was dabei zunächst das vom einzelnen Mann nothwendig
zu Verlangende angeht, so wird sich hier nur schwerlich die Mög=
lichkeit finden Ersparnisse im seitherigen Stoffquantum zu machen.
Immerhin wird zuzugeben sein, daß das als angängig zu be=
zeichnende Streichen des „angefaßten Gewehrs" als Griff viel

Zeit in der Einzelausbildung einzubringen im Stande fein, würde!

Einflußreicher werden sich in dieser Richtung die bei der formellen Truppenausbildung zu ermöglichenden Einschränkungen gestalten.

Zunächst erscheint es für das geschlossene Bataillon, welches nur noch Marsch- und Manövrir- aber nicht mehr Kampfes-Einheit ist, durchaus angängig, alle vom Commandeur seither commandirten Evolutionen wegfallen zu lassen. Es kann heutigen Tages als kriegsausreichend bezeichnet werden, wenn das in Colonne zusammengezogene Bataillon: Griffe, Wendungen und Bewegungen auf einheitliches Commando fest und ordnungsmäßig auszuführen versteht. Die Evolutionen, d. h. Uebergänge aus einer Massenformation in eine andere, sowie Zerlegen und Zusammenschließen des Bataillons können fernerhin ohne jeden Nachtheil von den — nicht mehr zugführenden — Compagniechefs auf die bezüglichen Avertissements hin, nachcommandirt werden. Dem gegenüber gewinnt natürlich die Compagnieschule im geschlossenen Exerciren an Werth und bedarf eines erhöhten Zeitaufwandes, der aber dafür auch dieser wichtigen Kampfeseinheit (wir sagen absichtlich nicht: taktischen Einheit!) zu Gute kommen wird.

Alle über diese ersten Grundlagen hinausgehenden Anforderungen an ein Bataillon werden in das Gebiet der „Gefechtsübungen" gehören, von denen bei der Ausbildung der Führer weitläufiger die Rede sein wird.

Daß, um ferner die Ausbildung nach Möglichkeit formell zu vereinfachen, wir nur die Beibehaltung einer einartigen Rangirung dringend empfehlen zu sollen glauben, ist bereits im ersten Heft dieser Studien angedeutet. Ob dabei die Entscheidung zu Gunsten der nur zwei- oder der nur dreigliedrigen Aufstellung fällt, kann als thatsächlich heute ganz gleichgültig bezeichnet werden. Persönlich würden wir — da beide Arten ihre sich wohl ausgleichenden Vor- und Nachtheile der Form haben —

angesichts der so erhöhten Auflösungskraft des heute faktisch eigentlich nur ein gliederigen Kampfes — der compacteren breigliederigen Rangirung nach der Größe durch die Rotten (statt jetzt Glieder) den Vorzug geben!

Doch das nur nebenbei! Wir haben uns hier nicht mehr als es die „Studie" absolut verlangt, in reglementarische Details einzulassen; nur gegenüber den allzueifrigen Neuerern in dieser Richtung müssen wir unseren Standpunkt zu diesem außer unserer Competenz liegenden Thema dahin präzisiren: daß wir am alten Reglement — schon der nach Hunderttausenden zählenden Reserven wegen und da wir es auch faktisch für durchaus unnöthig halten — eigentlich fast gar Nichts geändert, nur Manniches gestrichen sehen möchten! Die Friedensschule aber — dünkt uns — welche unter stofflicher Beschränkung auf das Kriegsnothwendige, nach thatsächlicher Steigerung in der Ausführung strebt, wird nicht ermangeln, unseren Führern auch fernerhin das solide und baugerechte Material zu liefern, mit welchem sie die Hallen künftiger Siege wölben sollen!

Soviel über die Ausbildung von Mann und Truppe!

Zweites Capitel.

Die Heranbildung der Führer.

Je mehr wir uns im vorigen Capitel davon überzeugt haben, daß die taktischen Anforderungen der Neuzeit uns zwingen, die formale Ausbildung der Masse unserer Infanterie auf ein stoffliches Minimum zu beschränken, um für dieses wenigstens die so wünschenswerthe Sicherheit der Ausführung zu gewinnen, um so mehr muß die Wichtigkeit der Ausbildung von Führern uns in die Augen springen. Der unter jetzt noch erschwerten Umständen nur um so nöthigere Einfluß der Offiziere kann sich in ausreichender Weise nur geltend machen, wenn jedem Einzelnen von ihnen an seiner Stelle die absolute Fähigkeit innewohnt, jede taktische Situation, in welche er kommt, mit raschem, richtigem und klarem Blicke zu beurtheilen.

Die große Frage nach dem Zwecke eines jeden zu beginnenden Engagements sich je nach seiner hierarchischen Stellung richtig beantworten und darnach seine Entschlüsse richtig fassen zu können — das ist es, was heute mehr als je von jedem Führer bis zu den jüngsten herunter verlangt werden muß, und was allein ihn seinen einflußreichen Platz vor der Front der Truppe behaupten läßt.

Der Truppe liegt nur ob, zu schlagen, wann und wo es ihr befohlen wird, derjenige höchste Führer aber, der von seiner Stelle aus diesen Befehl ertheilt, trägt die volle Verantwortlichkeit dafür. Er muß sich Rechenschaft geben, geben können, von dem, was er erreichen will und kann, weil er nur dann, wenn er solches gethan, in der Lage ist über die ihm unterstehenden Mittel richtig zu verfügen.

Für den Führer oben, wie unten, gibt es außer der Scheu vor dieser Verantwortung, keinen schlimmeren Fehler als ihr Vergessen!

Wir stehen da vor einem wahrlich nicht leicht zu lösenden Dilemma!

Der Schneid, die Freudigkeit am Draufgehen, die Energie, welche immer dem raschen Entschluß innewohnt, auch selbst wo er sich übereilt, soll gezügelt werden; Zögern, Abwarten, Ueberlegen soll an die Stelle frischer Kampfeslust treten; Geduld soll geübt werden, wo die verzehrende Ungeduld an den Feind zu kommen, vielleicht durch herausfordernd herüberkommende Kugeln auf den Siedepunkt gesteigert wird!

Und doch auch wieder soll mit alle Dem nicht dem zu fassenden Entschlusse des Gedankens Blässe angekränkelt werden, wird im Gegentheil von ihm die alleräußerste Energie, das Höchste verlangt!

Ist das nicht mehr als ein Mensch zu leisten vermag, wird nicht der Versuch es zu erzwingen, zum kläglichen Fiasco der Entschlußlosigkeit, Zaghaftigkeit, mindestens Halbheit und Lauheit führen?

Und dennoch glauben wir, das Wagestück ist zu wagen — so lange unsere Offiziere sind und bleiben, was sie heute sind!

Erziehen müssen wir sie und den jungen Nachwuchs, daher auch fernerhin zu jener vor Nichts zurückweichenden Opferfreudigkeit, zu jenem begeisterten Todesmuthe, der von Alters her ein so wunderbares Blatt in ihrem Lorbeerkranze gewesen; ausbilden aber wollen wir sie trotzdem — zu etwas ruhigerer Ueberlegung!

Entschuldigen wir auch fernerhin, mindestens je mehr nach unten, desto eher, das Durchgehen und das Durchgehenlassen im

Kriege; aber unterdrücken wir es, wo es im Frieden auf den Uebungsfeldern sich wohlfeilen Kaufes breit machen will!

Unsere Besorgniß, daß bei solchen Ausbildungstendenzen „der Spiritus zum Teufel geht," ist vorläufig noch nicht sehr groß!

Auch das ist ja eine von unseren neusten Kriegserfahrungen, daß es mit dem blinden „Elan" nicht viel auf sich hat, wenn man sich nicht von ihm imponiren läßt. Eine **anerzogene bewußte Energie** wird reichlich ersetzen, was vielleicht an allzuheißblütiger Tollkühnheit gestutzt wird!

Das **Grunderforderniß** aber für eine solche, das **eigene Urtheil** entwickelnde Ausbildung eines commandirenden Offiziers — wir wählen absichtlich diesen weitgreifendsten Ausdruck — ist: der absolute Bruch mit jenen markirten Exercierplatzgefechten, wo selbst der nächstälteste Offizier erst durch das Commando „zur Attake" des Aeltesten erfährt, wo eigentlich er sich den Feind zu denken hat; die definitive Abstreifung des Unterschiedes zwischen „im Terrain" und „auf dem Exercierplatz," wo immer es sich um irgend welche Kampfesthätigkeit einer Truppe handeln soll.

So weit es wirklich **rein formale** Dinge des Gefechts — z. B. Entwickeln, Bewegen, Feuern einer Schützenlinie — zu üben gilt, wird der Kasernenhof und das Exercierhaus für den Recrutentrupp ausreichen, um welchen es sich dabei alleine handeln kann; aber schon die Compagnie sollte keine Attaken mehr „ins Blaue" machen. Die Ausbildung des **Offiziers** aber beginnt — die jüngsten Anfänger — die aber dann eben noch nicht vollwichtige Offiziere sind — ausgenommen, welche der Compagniechef in Führung des geschlossenen Zuges ꝛc. anzulernen hat — erst auf dem Felde der Gefechtsübungen, jenseits der Kasernenthore, jenseits der Tenne unserer heutigen Exercierplätze!

Es ist hier wohl der Moment, ein Wort einzuschalten über die Plätze, die wir nach alter Tradition gewohnt sind, für unsere „Uebungen" auszusuchen und deren immer schwieriger werdende Auffindung in der Nähe unserer Garnisonen gar vielen als Calamität erscheint, in deren Hintergrund das Schreckbild Thiers'scher Barrackenläger auftaucht. Nun hat es aber eigentlich nach den Ansprüchen der Taktik heutigen Tages für die Infanterie gar keinen Werth mehr, ja wir möchten behaupten, sogar eher Nachtheile für die Ausbildung, wenn diese Plätze eine möglichst freie Ebene bilden. In alten Zeiten, wo die Taktik für ihre Schlacht die Plaine suchte, hatte es Sinn und Berechtigung, eine solche auch möglichst für die Schlachtübung zu haben; heute aber, wo lediglich die Strategie höchst unbekümmert um die Terrainconfiguration das Schlachtfeld bestimmt und selbst die Taktik gern die absolute Ebene meidet, kann unbedenklich der Auswahl von Uebungsplätzen zu Gefechtszwecken ein freierer Spielraum eingeräumt werden. Wir haben im ersten Capitel erörtert, wie das eigentliche Exerciren, d. h. die Einübung der Form durch die neueren Ansprüche des geänderten Wesens des Kampfes auf ein viel beschränkteres Gebiet wie früher verwiesen ist resp. verwiesen werden muß. Nur eigentlich die Compagnie bedarf noch eines Exercirplatzes; der für ein Bataillon für sein Exerciren, d. h. für seine allein übrig gebliebenen Bewegungen in der Colonne, nöthige Raum kann unendlich kleiner sein, als früher. Mit einer seine deployirte Paradefront etwas überragenden Länge und einer seine dreifache Colonnenbreite etwas überschreitenden Breite des Platzes kann es sich für diese Zwecke vollständig befriedigt erklären. Das sind aber Maße, die weit unter den jetzigen Ansprüchen zurückbleiben, Maße, wie sie wohl für die Friedensstärke eines Bataillons der Hof jeder neueren Kaserne bieten kann.

Alles, was an Bataillonsübungen darüber hinausliegt, fällt nicht mehr unter den Begriff „Exercitium," bildet vielmehr schon „Gefechtsübung" und dafür: wollen wir keinen ganz ebenen „Exercirplatz" mehr! Wenn aber erst einmal diese Anforderung fallen gelassen ist, so werden sich accidentirte (wenn nur trockene) „Gefechtsübungsfelder" für die Infanterie auch selbst in der Nähe großer Garnisonen d. h. Städte immer noch finden laſſen, zumal ja grade ſolche Terrains nicht die von gemeinnützigen Baugeſellſchaften geſuchten, zu ſein pflegen.

Auf ſolchen, wellenförmigen, auch ohne Schaden hier und da beſtandenen, oder durch ein größeres oder kleineres Hinderniß getheilten „Uebungsplätzen" wird dann am einfachſten jener im erſten Capitel beklagte Unterſchied zwiſchen Feldbienſt und Exercieren ſich zu einem höheren einheitlichen Begriffe verſchmelzen und je mannichfaltiger ſie geſtaltet, deſto reicher wird ſich auf ihnen das taktiſche Urtheil und das Verſtändniß des jungen Offiziers, wie des älteren Commandeurs ausbilden können.

Den Gefechtsübungen ſelbſt aber, die ſolches leiſten ſollen, muß vom erſten Tage an, wo ſie jenes Feld betreten, eine klare und beſtimmte Idee untergelegt ſein, ein Erforderniß, von welchem auch der tennenartigſte Exercierplatz nicht dispenſiren darf, wenn auf ihm „zum Gefecht" auseinandergeſchwärmt oder gezogen wird.

Das ſoll nicht heißen, daß der Commandeur mit weitausholenden General- und Spezialgedanken ſich plagen ſolle, das ſoll heißen, daß der ohne ſichtbaren Feind fechtenden Truppe die Stellung dieſes Feindes, wenn man angreifen will; ſeine Angriffsrichtung, wenn man zur Abwehr beſetzen will; der von ihm erreichte Punkt, wenn man zum Gegenſtoß vorbrechen will; endlich ſeine vermuthete Anweſenheit, wenn man demonſtriren will, klar und beſtimmt angegeben werde. Dazu genügt, wenn das Terrain nicht deutliche Anhaltspunkte gibt, das allereinfachſte Markiren durch den Adjutanten und einige Unteroffiziere z. B. welche die Grenzen der feindlichen Stellung, den Angriffspunkt oder das gegneriſche Avanciren dem Auge erkennbar machen.

Wenn nur der Uebungsplatz nicht eine abſolute Ebene iſt, ſo laſſen ſich auf dieſe Weiſe die Gefechtsbilder kaleidoscopartig vielfach wechſeln und allerdings auf größtmöglichſte Mannichfaltigkeit im Detail kommt es an, bei aller Einfachheit in großen Zügen, wenn namentlich die jüngeren Offiziere etwas lernen ſollen.

Die möglichſte Vielſeitigkeit des Geſehenen reſp. Durchgemachten allein vermag den Blick so zu schärfen, daß er rasch das Richtige erkennt und das ist es doch, wohin wir für den Ernstkampf streben müssen.

Es gibt nur wenig Menschen, die im feindlichen Feuer klarer urtheilen und es sind Ausnahmserscheinungen, denen mit den feindlichen Kugeln der Verstand zufliegt, der vorher zu schlummern schien. Die beste Bürgschaft für ein klares Urtheil auch im Drange der Gefahr, bleibt die Gewohnheit!

Wie für den Soldaten die Gewohnheit der Disciplin ihm den Gehorsam auch in den schwersten Momenten zur zweiten Natur macht, so muß für den Offizier die Gewohnheit des Terrains ihm das richtige Urtheil für seine Benutzung zur zweiten Natur machen.

Dieses Ziel kann aber nur erreicht werden, wenn thatsächlich eine große Anzahl möglichst verschiedener Gefechte auf den Uebungsplätzen durchgearbeitet und — kurz belehrend besprochen werden. So gewiß ja im Ernstfalle doch nach jedem glücklich durchgeführten oder abgewiesenen Angriffe, eine Ruhepause der Retablirung eintreten muß; so gewiß kann ohne Nachtheil auch auf dem Uebungsplatze, nachdem ein Angriff gemacht, eine rasche Besetzung vorgenommen ist, die übende Truppe zu einem zweiten, dritten u. s. f. ganz andern Bilde geführt werden, ohne daß dieselben an einem Tage irgend welchen inneren Zusammenhang zu haben brauchten. Nur muß es Offizieren und Leuten klar sein, daß „jetzt etwas anderes kommt!"

Auf diese Weise wird z. B. ein Bataillon in einer 8 bis 10 maligen Uebungsperiode mit Leichtigkeit einige dreißig Gefechtsbilder mit immer neuen Nuancirungen auf einem selbst verhältnißmäßig wenig Abwechselung bietenden Uebungsplatze darstellen können. Jede etwas geänderte Richtung des Angriffs modifizirt ja das Vorgehen der Schützenlinie, die Art der Terrainbenutzung u. s. w. und entwickelt auf dem Boden gesunder Grundsätze das verschiedenartigst wechselnde Detail! Durch solches Verfahren wird dann den Front-Offizieren, wie den Compagniechefs der rasche Blick für

richtige Terrainausnutzung in bestimmter Richtung, aner=
zogen, der nachher auch über alles Schwanken im Ernstfalle fort=
hilft, und schließlich instinctiv das Richtige finden läßt.

Wie aber in dieser Art zum entscheidenden Gefecht, so
kann nicht minder auch die Ausbildung zum hinhaltenden auf
demselben Wege erstrebt werden. Derselbe Uebungsplatz, nach auch
nicht sehr viel weiter her geholten „Ideen" benutzt, kann für das
ihn als „Avantgarde" oder „Arrièregarde" oder zur „Rekognos=
cirung" betretende Bataillon, endlich für ein „Zwischenstadium
zwischen zwei entscheidenden Momenten" dienen und abermals das
richtige Urtheil auszubilden helfen; jetzt für das Was? wie vorher
für das Wie?

Durch ein solches Uebungsverfahren — im Bataillon, im
Regiment, ja selbst noch in der Brigade; aber wir behaupten auch:
nur und einzig und allein durch ein solches Verfahren wird
es gelingen, jeden Offizier an seinem Platze zu dem wichtigen Ur=
theil vorzubilden, welches im Kriege immer von ihm verlangt
wird, jenem Urtheil, welches entscheiden soll, ob es gilt zu schonen
oder einzusetzen und auf welches je nach dem Falle gestützt, er
dann auch sofort das Richtige anzuordnen im Stande sein soll.

In solchen zahlreichen Gefechtsübungen werden wir den
jungen Offizier anlernen in der Hand zu bleiben, den älteren in
der Hand zu halten. Beide aber werden das richtige Maß für
den Werth ihrer Abtheilung in Bezug auf das Ganze verstehn
und sich dem höheren Zwecke unterordnen lernen. Damit aber
wird jene taktische Präzision wieder gewonnen sein, die einst
der Stolz und die Kraft der Armee, in den letzten Jahren und
Campagnen — leugnen wir es nicht — uns abhanden gekom=
men war!

Jene altbewährte Friederizianische Feuerdisciplin, die so
unendlich Hohes geleistet, sie ist uns heute noch so nöthig, wie sie
damals und zu allen Zeiten war, sie liegt nur heute nicht mehr,
wie vor hundert Jahren in den „Kerls" sondern — in den Lieute=

nants! Die Selbstständigkeit des einzelnen Mannes im Gefecht hat sich seit jenen alten Tagen außerordentlich erweitert und damit die Schwierigkeiten seiner Leitung ausnehmend erhöht; nothwendig aber bleibt sie nach wie vor. Und wie in dieser Richtung die Aufgabe des Lieutenants seinem Zuge gegenüber, so hat sich weiter durch das veränderte Wesen der Gefechtsführung die Aufgabe des Compagniechefs den Lieutenants gegenüber, des Bataillonscommandeurs den selbstständiger gewordenen Hauptleuten gegenüber u. s. f. gegen damals unendlich schwieriger gestaltet, ohne dadurch an Werth, Bedeutung, Nothwendigkeit sich irgendwie verringert zu haben.

Schon der große König mußte mit energischen Reprimanden einer Auflösung entgegentreten, „wo es dann dazu kommt, daß der gemeine Mann die bataille decidiret — und das ist journalier!" Nun man wird uns nicht mißverstehen, wenn wir sagen: es ist auch „journalier," wenn der Lieutenant oder der Compagniechef die bataille entscheidet — wie solches heute das beliebte Thema unserer „Neuerer" ist, welche in ihrem stürmischen Eifer den Bataillonscommandeur, geschweige einen höheren Führer, schon gar nicht mehr in diesem Verdachte haben!

Der Krieg hat es bewiesen, daß wenn hierin die Friedensgewohnheit nicht vorgearbeitet hat und mit ihr nicht die Ueberzeugung von der Nothwendigkeit der Aufrechterhaltung höheren und höchsten Einflusses ganz und gar in Fleisch und Blut übergegangen ist: der Drang des Augenblicks stärker ist, als alle Theorie und aller guter Wille. Es ist gewiß etwas Großes, um jenes allgemeine bis in die kleinste Abtheilung lebendig gewesene Streben nach vorwärts! und wir brauchen uns wohl nicht von dem Verdachte zu reinigen, daß wir dasselbe unterdrücken wollten — aber, wenn diese hohe Empfindung für das Ganze nutzbar werden und nicht in einzelnen Heldenthaten sich oft vergeblich verrauchen soll, muß schon im Frieden die Ueberzeugung groß gezogen werden: daß bewußter Gehorsam noch über Muth

geht und daß von höchster Stelle im Kampfe schon jedem Thaten=
drange rechtzeitige Geltung gestattet werden wird. Der höhere
Führer wird dann nicht mehr zu befürchten haben, daß seine Zurück=
haltung selbst in ernsten Momenten ihm unten falsch gedeutet werden
könne und unten wird man gelernt haben, daß aus kurzer Geduld
nur desto reicherer Lorbeer erblüht.

So sagen und wiederholen wir denn: der Schwerpunkt für
unsere Führerausbildung liegt in den praktischen, den Anforde=
rungen der neuen Taktik entsprechenden Gefechtsübungen,
welche fernerhin den Zwiespalt zwischen Exercieren und Felddienst=
üben nicht mehr kennen dürfen!

Wir wissen wohl, daß damit noch nicht das letzte Wort in
dieser Richtung gesprochen ist, für die höheren Führer, wie für die
jüngeren liegen darüber hinaus noch Anforderungen, deren Erfüllung
sie erst vollständig für ihre resp. Aufgaben fähig macht. Aber
auch bei ihnen muß es doch in erster Linie darauf ankommen,
sie für das Allgemeine, Immerwiederkehrende, Unvermeidliche im
Kriege vorzubereiten — wenn freilich auch für sie — die Führer
— auf allen andern Gebieten kriegerischer Thätigkeit eine ab=
solute Sicherheit in Anspruch genommen werden muß.

So schließen sich denn an jenen Kern der Gefechtsübungen
nach der einen Seite die größeren Truppenübungen, von
denen in einem besonderen Capitel die Rede sein wird; nach der
andern Seite die kleinen Truppübungen für die Nebenauf=
gaben des großen Krieges!

In dieser letzteren Richtung liegt denn recht eigentlich das
Arbeitsfeld der jüngeren Offiziere, auf welchem sie zuerst als Lehrer
auftretend, selbst so Vieles lernen können. Hier an diesen kleinen
Aufgaben entwickelt sich ihr Urtheil, wächst ihre Selbstständigkeit
empor, die sie dort einer höheren Einheit freiwillig und selbst=
bewußt wieder zum Opfer bringen lernen sollen. Hier bietet sich
ihnen die Gelegenheit zu selbsteigener Thätigkeit, hier erwachsen ihnen
die Früchte eigenen Schaffens, welche ernten zu wollen, ein so

natürliches Streben jedes Menschen ist. An den **kleinen Verhältnissen**, welche sie hier **leiten müssen**, wird ihnen das Verständniß für die nothwendige Unterordnung und Einheitlichkeit in den **großen Verhältnissen** nur um so klarer und unumstößlicher aufgehn!

Hier lernen sie im Kleinen, indem sie das **günstigere Terrain** vom **ungünstigeren unterscheiden** und jenes die beanlagten **Leute aufsuchen** lehren, wie sie schließlich dort **jede Art von Terrain benutzen** können! mit diesem Verständniß aber auch — den jedesmal richtigen Entschluß!

Diese, wenn sich im weiteren Verlauf damit eine Gewöhnung an feindliche **Gegenwirkung** durch Uebungen zweier Parteien gegeneinander verbindet, auch für höhere Führer je nach der Stärke der Abtheilungen nutzbar zu machenden „kleinen Uebungen" gehören recht eigentlich mit in das Gebiet der **Führerausbildung**.

So weit solches durch die Garnisonsverhältnisse nur irgend ermöglicht ist, muß daher auch dahin gestrebt werden, dergleichen hauptsächlich in das Gebiet des „Feld- und Vorpostendienstes" schlagende Uebungen in aus Infanterie und Cavallerie **gemischten Detachements** vornehmen zu lassen — ehe die Truppe an die „großen Uebungen" herantritt, in welchen die letzte Hand an ihre Ausbildung gelegt werden soll.

Auch hier nicht, so wenig als bei „Mann und Truppe" kann es die Aufgabe dieser Studie sein, in das **Detail des Verfahrens** einzugehen. Auch hier nur kann es darauf ankommen, die maßgebenden Gesichtspunkte für das zu erstrebende Ziel und die Mittel und Wege dahin zu gelangen, in großen Zügen klar zu legen; die Arbeit selbst gehört den Arbeitenden.

Nur eins möchten wir noch hinzufügen! Die „Ausbildung der Führer" kann nicht als abgeschlossen bezeichnet werden durch den engen Rahmen einer Anzahl, wenn auch noch so praktisch geleiteter „Uebungen". Hand in Hand mit ihnen muß selbstverständlich das „theoretische Studium" gehn. Dieser **persönlichen Arbeit** eines jeden Führers hier ihren Platz anzuweisen, als ein dem anderen ebenbürtiger Grundpfeiler unserer Leistungen wollen wir aber um so weniger unterlassen, als sonst gar leicht das Mißverständniß, als ob wir „theoretische Studien" nicht ihrem vollsten Werthe nach hoch zu schätzen verständen, das theoretische Studium unserer „Studie," selbst untergraben würde. — Reich und voll liegen namentlich in der „applikatorischen Methode," der wir so große Fortschritte verdanken, die Mittel hierfür auch den jüngsten Kameraden zur Hand. Mögen sie dieselben nur ferner so redlich benutzen, wie seither — dann wird am Baum der gesunden Theorie auch die rechte und echte Frucht der Praxis ihnen reifen!

Drittes Capitel.

Die großen Truppenübungen.

Es bleibt noch übrig einen letzten Blick auf dasjenige Gebiet der Friedensschule zu werfen, wo die — also wie wir besprochen vorbereiteten — Führer und Truppen gemeinsam zu den **höchsten Zielen ihrer Leistungsfähigkeit** geführt werden, und die **Manöverfelder der großen Truppenübungen** — die Jahresarbeit abschließend — den höheren und höchsten Führern, endlich dem obersten Kriegsherrn Selbst den Beweis liefern sollen, daß die Armee ihrer Aufgabe gewachsen ist.

Drei Dinge sind es, welche bei diesen großen Truppenübungen erstrebt werden:

die gegenseitige Bekanntschaft mit einander und die **Fähigkeit gegenseitiger Unterstützung untereinander** zwischen den verschiedenen Truppentheilen und Waffen soll erzielt und gefördert werden;

die **Offiziere jeder Stufe** sollen lernen, das seither Geübte einem seinerseits **thätigen Gegner** gegenüber zur richtigen Anwendung zu bringen;

Truppe und Soldat sollen das tägliche Leben des Krieges kennen und sich darin eingewöhnen lernen.

Dieser dreifachen Tendenz entsprechend gliederten sich denn auch seither schon unsere „Herbstübungen in den Divisionen" in:

die „Feld- und Vorpostendienst-Uebungen;" in die „Feldmanöver in zwei Abtheilungen gegeneinander" und in das „Manöver der ganzen Division".

Es wird nöthig sein, dieser Dreitheilung vom Standpunkte der heutigen Kriegführung aus, etwas näher zu treten.

Als Regel des seither Ueblichen muß dabei zu Grunde gelegt werden, daß diese alljährlichen Uebungen den Rahmen einer Division nicht überschritten. Die Königsrevuen, wo die beiden Divisionen eines Armeecorps, oder große Herbstübungen, wo Concentrationen höchstens bis zu zwei Armeecorps stattfanden, sind — wie wir wissen — seltene nach oft nur jahrelangen Pausen wiederkehrende Ausnahmen gewesen, denen allein das Gardecorps in seiner glücklichen Dislocation nicht unterlag.

Da die combinirte Division die heutige Schlachteneinheit bildet, so ist mit ihrer grundsätzlich alljährlich erfolgenden Zusammenziehung mindestens die Basis einer zweckentsprechenden Ausbildung auch für die höchsten Ziele gegeben. Trotzdem aber werden sich auch schon hier an den seitherigen Usus, Anforderungen und Wünsche der neueren Taktik geltend machen, welche Modifikationen der Zeiteintheilung als bringend nothwendig befürworten möchten.

Die heute bestehenden Vorschriften theilen der Division als solcher für das sogenannte „Divisionsexerciren" (Manöver als ganze Division) nur drei (ja event. nur zwei) Tage zu, von welchen noch einer zu einer Parade der Division benutzt werden kann, so daß nur zweimal (oder gar einmal) im Jahre die Division zu einheitlicher Gefechtsübung in der Hand ihres Commandeurs vereinigt ist. Diese kurz bemessene Zeit aber erscheint den großen Aufgaben gegenüber, welche in der modernen Schlacht der Infanteriedivision zufällt — als eine doch viel zu beschränkte!

Zwölf Bataillone und vierundzwanzig Geschütze — das Cavallerie-Regiment für diese Zwecke nicht einmal mitgerechnet —

repräsentiren auch in der heutigen Maſſenſchlacht — wenn nur einheitlich eingeſetzt — eine ſo impoſante Kraft, daß ihre erfolgreiche oder verſagende Leiſtung leichtlich auf den Verlauf des ganzen Tages von entſcheidendem Einfluſſe ſein kann. Der Stoß auch nur einer Diviſion, vom Führer richtig geleitet und von der Truppe richtig durchgeführt, kann in dem ſtundenlang ſchwankenden Kampfe von Hunderttauſenden die Wage zum erſehnten Ausſchlag bringen; die überwundene Abwehr auch nur **einer Diviſion** kann in die eigene Schlachtlinie eine nicht wieder zu ſchließende Lücke reißen. Als kleinſte ſelbſtſtändige Einheit, mit welcher der Feldherr für ſeine geſuchte Entſcheidung rechnet, iſt das **abſolut ſichere Funktioniren der Diviſion** die Grundlage nicht allein der großen Taktik, ſondern auch aller Strategie. „Die Diviſion" gilt der oberſten Führung als ein **mathematiſch feſtſtehender Inbegriff** von Stoß- und Widerſtandskraft, auf welchen ſie ihren höheren und letzten Calcül mit apodiktiſcher Sicherheit baſirt, baſiren können muß!

Das war ſchon früher ſo, das muß auch ferner ſo bleiben; aber der **auflöſenden** Gewalt der heutigen Schlacht gegenüber iſt es ſchwieriger, recht ſehr viel ſchwieriger geworden ſolches zu leiſten.

Strenge Uebung iſt nothwendig, wenn wir nicht in der Gluth heutiger Schlachten leicht auch ganze Diviſionen wegſchmelzen ſehen wollen, wie der Schnee vor der Märzſonne — **unnütz**, weil nicht in einheitlicher Hand verwendet.

Wir haben die Gefahren der Auflöſung, zu der die heutige Taktik ſo leicht verführt, bereits mehrfach im Allgemeinen beleuchtet, die **friedensgewohnte Einheit der Diviſion** iſt der Fels, an welchem jene gefürchtete Woge ſich brechen muß.

Wenn in alten Tagen der Colonnentaktik, die immer wieder ſich zuſammenballende Bataillonsmaſſe das Symbol der geeinten Kraft und concentrirten Willensenergie war, ſo kann heute, wo die Natur des Kampfes je kleiner die Abtheilungen werden, deſto

mehr ihre Auflösung verlangt, dieses nothwendige Kraftbe．
wußtsein nur noch in größeren Heertheilen sich verkörpern; in
keinem aber besser als in der Division. Sie ist der erste „Schlacht=
haufen," der angesichts der modernen Kriegführung allein — in
die Entscheidung eintreten kann.

Das Bataillon, das Regiment, die Brigade — sie sind sehr
wichtige Zwischenglieder und sie alle werden an ihrem Theil bemüht
sein, sich zusammenzuhalten, sie alle werden aber doch noch
möglicherweise in die Lage kommen können, ohne Tiefe fechten
zu müssen: die Kohäsion des organischen Körpers bietet erst die
Division mit ihrem artilleristischen Knochengerüste. — Es erschien
uns nothwendig, etwas ausführlicher auf diese hervorragende Bedeutung der Infanteriedivision für die moderne Schlacht einzu=
gehen, um daraus desto entschiedener die Wichtigkeit ihrer Frie=
densübung folgern zu können.

Gibt man die Bedeutung jenes Werthes zu, so wird man
auch zugeben müssen, daß es zu seiner Erlangung mehr als zwei=
tägiger Arbeit im Jahre bedarf.

Auch hier gilt vielleicht wieder, nur eine Stufe höher, was
wir oben von dem Verhältniß von Soldat und Truppe gesagt
haben: die Leistungsfähigkeit der Division basirt nicht lediglich auf
der Summe der Leistungsfähigkeit aller ihrer einzelnen Bataillone.

Zwölf Bataillone, vier Regimenter, zwei Brigaden können in
den „Gefechtsübungen" durchaus kriegsbrauchbar vorgebildet sein
und dennoch: zur Division zusammengestoßen — als solche sehr
wenig leisten, ja dieselbe — und damit dann sich selbst — ins
Verderben reißen, wenn sie nicht gewohnt sind, sich der einheit=
lichen Leitung des Divisionscommandeurs rückhaltslos unterzu=
ordnen. Der Grund liegt eben darin, daß selbst die Brigade an=
gesichts der heutigen Kraftverhältnisse nur ganz ausnahmsweise noch
in der Lage ist, mehr als nur einen Moment des Kampfes
(einen Angriff, eine Abwehr ꝛc.) einheitlich darzustellen; und

daß eigentlich erst die Division es vermag, ein ganzes Gefecht mit „Einleitung" und „Sieg" durchzuführen. Aber auch die Division selbst ist freilich nur die erste, kleinste Schlachteinheit, auch sie muß daher lernen, als Theil eines Ganzen sachgemäß in den Kampf eingreifen zu können; und in dieser Richtung bedarf auch sie der „Gefechtsübungen," in welchen sie als Einheit, zu einem beschränkten, von höherer Führung wirklich oder supponirt gesteckten, Kampfzwecke auftretend, gewissermaßen auch nur einen bestimmten Gefechtsmoment zur Darstellung zu bringen hat. —

Angesichts solcher uns unabweisbar erscheinenden Doppel=Ansprüche an die Ausbildung, müssen wir es für bringend wün=schenswerth erklären, daß die breitägige jährliche Frist für die Ue=bungen in der ganzen Division, auf mindestens sechs — wenn größere Truppenzusammenziehungen stattfinden, von denen später die Rede sein soll — auf womöglich neun wirkliche Uebungs=tage erhöht werde!

Von diesen Tagen ist es nur wünschenswerth, daß einer ausdrücklich für eine Parade der ganzen Division bestimmt bleibe, wenn eine solche sich nicht bequem an eine Gefechtsübung anschließen läßt. Dergleichen militairische Schauspiele in größerem Maßstabe geben der Truppe und dem Manne, mehr als man gemeinhin glaubt, das Gefühl der Zusammengehörigkeit, das Bewußtsein der Kraft, die Sicherheit, „daß wir ein großer Haufen sind." Sie wirken aber auch vortheilhaft zurück auf das große Publikum, welches ja fast nur bei solchen Gelegenheiten dazu kommt, sich ge=hobenen Herzens der Wehrkraft des Vaterlandes bewußt zu wer=den. Bei den Paraden und oft nur durch die Paraden lernen die verschiedenen Waffen einander äußerlich mindestens kennen und eine von der andern wissen, wieviel denn eigentlich ein Kavallerie=Regiment, ein Infanteriebataillon ꝛc. ist; die der gemeine Mann vorher und nachher oft nie zusammen gesehn.

Die anderen fünf bis acht Tage möchten wir gleichmäßig vertheilt sehen zwischen solchen Gefechtsübungen, in denen die Division als einheitliches Ganze zu einem bestimmten Theilzwecke einer (supponirten) Schlachtthätigkeit auftritt und solchen, wo sie selbstständig und vereinzelt einen Kampf durchführt. Für die ersteren Zwecke werden meist sich im Terrain selbst die nöthigen Anhaltspunkte über den supponirten Feind finden oder sind leicht, wie oben schon für die „Gefechtsübungen" angedeutet, herzustellen; für die letzteren Aufgaben treten die Bestimmungen der „Allerhöchsten Verordnungen" über den „markirten Feind" in Wirksamkeit.

Auch hier haben wir wiederum nur vom wünschenswerthen Was? zu sprechen, das Wie? vertrauensvoll der höheren Leitung überlassend. Nur darauf möchten wir aufmerksam machen, wie wichtig und wie leicht mit diesen Zwecken vereinbar die möglichst vielseitige Uebung des **Aufmarsches** der Division aus einer oder gleichzeitig aus mehreren Marschcolonnen, ist! —

Man wird dem hier ausgesprochenen Wunsche der Vermehrung der Uebungen in der **ganzen** Division, entgegenhalten, daß er ohne erhöhten Zeit- und namentlich Kostenaufwand nur zum Schaden der beiden andern oben erwähnten, doch sicherlich auch sehr wichtigen Uebungsabschnitte, verwirklicht werden könne. Vielleicht gelingt es diesem Bedenken durch folgende Betrachtung Rechnung zu tragen. —

Die breitägigen Feld- und Vorpostenübungen haben, wie dies ja schon ihre Bezeichnung ausdrückt, doch recht eigentlich nur die Vorkommnisse des Sicherheitsdienstes und des — wir haben es sämmtlich in den letzten großen Kriegen erfahren — sich mit geringen absonderlichen Ausnahmen lediglich **aus diesem** entwickelnden kleinen Krieges zum Gegenstande. Bei den **Friedens**übungen aber haben seither, um daraus den Vorwand für die beabsichtigte Vorpostenaufstellung zu schaffen in den drei Tagen, gar oft die wunderlichsten „Ideen" aus längst vergangenen Zeiten (gewaltsame Fouragirungen, Convoibedeckungen u. dergl.) herhalten müssen, die dann schließlich in „Bataillirungen" kleinster Abtheilungen gegeneinander culminirten, von denen heutigen Tages nur zu wünschen wäre, daß unsere Armee — sich nicht daran gewöhne.

Es will uns deßhalb scheinen, als ob wir diese Tage als einen selbstständigen Cyclus von Uebungen ohne Nachtheil aufgeben könnten und daß wir praktischer die Uebungen im Vorpostendienst — soweit demselben nicht schon in gemischten Garnisonen vorgearbeitet sein kann — mit den großen Uebungen der Division verbinden. Wenn am Schlusse, namentlich jeder meist ja an sich nicht mehr als höchstens 2—3 Stunden Zeit fortnehmenden Gefechtsübung der geschlossenen Division, ein kleiner Theil derselben bestimmt wird als Arrièregarde des nach der „Idee" geworfenen oder als Avantgarde des siegreichen Feindes, eine aus dieser Idee gefolgerte Vorpostenlinie einzunehmen, während ein anderer Bruchtheil der Division im Sinne der Tagesaufgabe ihre Sicherung zu übernehmen hat, so werden aus solchem Verfahren unzweifelhaft nur Vortheile hervorgehen. Der Vorpostendienst selbst wird sich naturgemäßer gestalten, weil ihm kriegswahrscheinlichere Verhältnisse zu Grunde liegen; für alle seine Vorkommnisse wird Zeit und Gelegenheit nach der kurzen Tagesarbeit umsomehr zur Genüge vorhanden sein, als ja seine Hauptschwierigkeiten in die Nacht fallen; für die Truppe selbst aber wird — wenn nur der Generalstabsoffizier ein klein wenig gewandt gearbeitet — das doch unvermeidlich gewesene Bivouac diesmal an die Stelle eines weiten, statt seither eines kurzen Rückmarsches oder morgenden Anmarsches in die oder aus den Cantonnements getreten sein! Mit dem Rendezvous des neuen Morgens aber, erlischt selbstverständlich, ebenso wie sofort für die an der Uebung nicht betheiligten, zufällig im Vorpostenrayon cantonnirenden Truppen die seitherige „Idee".

Wenn in dieser Weise die Vorpostendienst-Uebungen als selbstständige Periode der Herbstübungen unterdrückt werden, so bleibt die Zeit für die Detachementsübungen, in denen die Offiziere zunächst in kleinen Verhältnissen an die feindliche Gegenwirkung gewöhnt werden sollen, intakt; wir hegen aber auch durchaus kein

Bedenken, dieselben zu Gunsten der Gesammtdivision zu kürzen, wenn durch nachfolgende größere Uebungen, für welche die Division dann um so fester vorgearbeitet sein muß, diese Gelegenheit doch noch gegeben werden wird.

Zu der Nothwendigkeit dieser, so oft nur irgend angängig erwünschten, größeren Uebungen resp. Concentrationen, aber kommen wir auf einem Umwege, welcher uns momentan über die Grenzen der Infanterietaktik hinausführt.

Wir haben seither von den Uebungen einer Infanteriedivision gesprochen, ohne darauf Rücksicht zu nehmen, daß nach unserem seitherigen Usus den beiden Friedensdivisionen eines Armeecorps zu ihrem Uebungscyclus im Herbste eine ihre Kriegsformation bedeutend übersteigende Zahl von Batterien und Stärke an Cavallerie zugetheilt wird. Wir konnten seither von diesem Verhältnisse Abstand nehmen, da durch dasselbe Zweck und Art der Uebungen der prinzipiell immer Infanteriedivision bleibenden Friedensdivision nur sehr unwesentlich tangirt wurden. Die Zahl der Geschütze variirte seither nicht wesentlich von der der Division im Kriege faktisch zur Disposition stehenden Summe und für das Verhalten im Ganzen ist es ziemlich gleichgültig, ob man sich den vorhandenen Ueberschuß als Divisions- oder als Corps-Artillerie thätig denkt. Auch die überschießende Cavalleriebrigade war jedenfalls nicht im Stande die sachgemäße Ausbildung der Divisionsinfanterie zu alteriren, sei es, daß die Division sich dieselbe zu selbstständiger Aktion zugetheilt, sei es, daß sie sich dieselbe als in der Schlacht zufällig in der Nähe befindlich vorstellte.

Anders gestaltet sich die Sache vom Standpunkte der Cavallerie! Mehr als vielleicht irgend eine andere Erfahrung des so lehrreichen letzten Krieges frappirt den taktischen Forscher: der Anlauf, den diese von der „Neuzeit" für die Schlacht schon zu den Todten geworfene Waffe genommen, sich auch auf diesem — ihr nach der Theorie verschlossenen — Felde wiederum den Schwestern ebenbürtig zu zeigen! Die deutscherseits mit Auszeichnung von ihr durchgeführte Rolle als „Schleier" will ihr jetzt im Frieden nicht mehr als ausreichend erscheinen und sie erstrebt daneben wiederum die altgewohnte, als „Keil"! Was ihr das rasch und sicher feuernde Gewehr an Einfluß geraubt, verspricht dasselbe ihr — so scheint es — sich selbst sein Grab grabend, durch die von ihm geförderte Auflösung der Infanterie wieder einzubringen! Mit raschbeweglichen Massen hintereinander einbrechen zu können in die aufgelösten dünnen Linien des gegnerischen Fußvolks: das ist der Gedanke, welchen unsere Cavallerie als „Kriegserfahrung" in die Friedensgarnisonen mit zurückgebracht hat und zu dessen Erreichung sie jetzt nach Massenübung im Frieden verlangt!

Es ist nicht Sache dieser Studie die pro et contra dieser Hoffnungen zu untersuchen, die uns hier nur insofern interessiren, als daraus möglicher vielleicht wahrscheinlicher Weise eine Modifikation der seitherigen „Herbstbestimmungen" resultiren wird.

Wenn aber die alljährliche Concentration einer Cavallerie-Division innerhalb des Armeecorps zu selbstständigen Uebungen die unveränderliche Regel geworden sein wird, so muß daraus die alljährliche Zusammenziehung des Armeecorps selbst, zu wenn auch nur wenigtägiger Gesammtübung sich bald als absolut nothwendig herausstellen, um diesem dann allein die Schlachtverwendung der drei Waffen gestattenden Körper die unumgänglich nöthige Gelegenheit zu seiner Ausbildung zu schaffen.

Aber auch ganz abstrahirt von dieser vielleicht mehr zufälligen und nicht überall als absolut nothwendig zugestandenen Wirkung auf unsere Friedensausbildung, wird man nicht länger verkennen können, daß eine häufigere Zusammenziehung größerer Truppenmassen bei dem Standpunkte unserer heutigen Kriegführung eine unerläßliche Bedingung für die sichere und jeder Eventualität gewachsene Durchbildung unserer — und jeder — Armee bildet und ohne Nachtheil nicht länger vermißt werden kann. —

Noch werden immerhin die Verhältnisse dieser Uebungen ganz außerordentlich weit hinter den Ansprüchen der Wirklichkeit

zurückbleiben, aber annähernd mindestens müssen sich Friedens-
leistungen und Kriegsforderungen decken, wo Ersprießliches geleistet
und nicht schließlich doch nur Kraft verschwendet werden soll.

Immer und immer wieder halten wir es für nöthig, davor
zu warnen, die Leistungen großer Heerkörper als die einfache
Summe der Leistungen ihrer kleineren Bestandtheile ansehn zu
wollen; im Gegentheil möchten wir die Behauptung vertreten, daß
dieselben im quadratischen Verhältnisse sich erschweren!

Angesichts der Völkerwanderungen, welche unsere modernen
Kriege repräsentiren, halten wir somit die Anforderung nicht für
exorbitant, daß innerhalb des Rahmens unserer Friedensübungen
Truppenzusammenziehungen von mindestens soviel Bataillons-,
Escadrons- und Batterie-Cadres — Abstand genommen selbst
von ihrer Kriegsstärke — zeitweise ermöglicht werden, als in den
kleinsten Schlachten heutiger Tage gegeneinander kämpfend an-
genommen werden müssen. Wenn auch die budgetairen Rücksichten
es nicht ermöglichen sollten, alljährlich relativ so bedeutende
Concentrationen vorzunehmen, als es zur Friederizianischen Zeit
geschah, wo in den vier Inspectionen immer ein Viertel der ganzen
— für die damalige Größe des Staates sogar viel stärkeren —
Friedens-Armee vereinigt war; es wäre doch dringend wünschenswerth, daß mindestens alle Paar Jahre eine Vereinigung in der
Armeeinspection und ein um das andere Jahr ein Zusammenziehen
des Armeecorps, Regel würde.

Diese großen Uebungen selbst brauchen ja nie sehr lange zu
dauern, sie haben ja wesentlich nur den Zweck, den Truppen eine
Vorstellung von ihrer Massenverwendung zu geben und die
höheren Führer heranzubilden, die, wenn dergleichen Revuen nur
etwas regelmäßig Wiederkehrendes werden, im Laufe ihrer Dienstzeit auch wiederholt Gelegenheit finden werden, sich in dieser
Richtung an das von ihnen Verlangte zu gewöhnen.

Auch die Potsdamer Revuen, denen Europa beizuwohnen

pflegte, dauerten jedesmal nur drei Tage und obgleich sie mit immer 38 Bataillons und 50 Escadrons auf fast ganz genau demselben Terrain ausgeführt wurden, zeigen sie eine solche — damals ja nur um so schwierigere — Vielseitigkeit, daß von den uns erhaltenen vierzehn hintereinander folgenden Jahrgängen auch nicht eine dieser zweiundvierzig Schlacht-Uebungen der andern gleich ist! Wenn es also sein muß, so mag uns dieses Beispiel mindestens darüber beruhigen, daß solche Uebungen nicht einseitig zu werden brauchen, auch wenn man sie eine lange Reihe von Jahren hintereinander auf ein und demselben Felde eines stehenden Lagers auszuführen genöthigt sein sollte. Als eine sehr nützliche Abwechselung aber empfiehlt sich dann die in jenen oben erwähnten Berichten mehrfach vorkommende „Idee": „anderen Tages zeigten Seine Majestät, wie man solchen Angriff (oder dergl.) besser hätte desponiren können!"

Die Rücksichten des Kostenpunktes können — wir haben in diese Verhältnisse keinen Einblick — Veranlassung geben, dergleichen Uebungen an gewisse Terrainstrecken zu binden, die Einrichtung von Läger nothwendig zu machen. Aber wenn dem auch so ist, so hat selbst diese Einrichtung nicht diejenigen Bedenken, welche man oft gegen dieselbe aussprechen hört, vorausgesetzt nur, daß ihre Benutzung immer nur für kurze Zeit durch ein und dieselbe Truppe erfolgt! Allein davor möchten wir im Interesse eines gesunden soldatischen Lebens, die Armee bewahrt wissen: die größeren Truppenübungen, namentlich also die Divisionsübungen, an solche Läger prinzipiell gebunden zu sehn. Den alten Vorzug der wechselnden Cantonnements, des Verkehrs in freier Natur möchten wir beinahe sagen, wollen wir nicht eintauschen gegen eine Einrichtung, welche auf die Dauer benutzt, jegliche gesunde Blutcirculation und den frischen und fröhlichen Sinn der Armee vergiften müßte. Noch einmal: **muß es sein**, weil anderweit nicht Rath zu schaffen für die bringend nöthigen großen Concentrationen, so sei es mindestens nur für diese und damit jedenfalls nicht auf lange!

Wir kehren zum Ausgangspunkte dieser Studien zurück.

Den Anforderungen der neuen Taktik schon in der **Friedensschule** Rechnung zu tragen, mußte als ein nicht zu verschiebendes Bedürfniß anerkannt werden; lediglich **formale Abänderungen** konnten für diesen Zweck nicht als ausreichend erachtet werden. Sie würden der kurzen Friedensausbildung ein quantitatives **Mehr** aufgebürdet haben, welchem dieselbe angesichts der so außerordentlich gesteigerten **qualitativen Anforderungen** nicht hätte gerecht werden können. Wir mußten im Gegentheil zugeben, daß das **äußerliche Stoffquantum** der Ausbildung für den Mann und die Truppe auf ein Minimum vermindert werden müsse, damit in demselben eine heute so sehr viel wichtigere **ausreichende Sicherheit** des Einzelnen erlangt werden könne.

Die grundsätzlich **classenweise** Heranbildung der Masse unserer Infanterie ergab sich daraus als nothwendige — aber auch **allen Ansprüchen** gerecht werdende — Folge, welche die Leistungen der Truppe nicht lediglich von den Leistungen **jedes einzelnen Soldaten** abhängig sein ließ.

Um aber auch den **höchsten Anforderungen** entsprechen zu können, galt es die Führer aller Grade in vielseitigsten Gefechtsübungen im Terrain an ein richtiges und rasches **taktisches Urtheil**, sowohl über das Was? als das Wie? ihrer kriegerischen Aufgaben zu gewöhnen!

Schließlich uns der Thatsache erinnernd, daß auch die hervorleuchtendsten Blüthen der Friedensausbildung einzig und allein auf den Schlachtfeldern ihre wahre Frucht reifen sehn, glaubten wir für mindestens schlachtähnliche Vorübungen in großen Massen eintreten zu müssen, von denen allein wir uns versprechen dürfen, daß sie uns möglichst annähernd im Frieden lehren können, was es ist um eine — Schlacht!

Druck von Gebrüder Grunert in Berlin.

Inhalts-Verzeichniß.

                                                                    Seite
Einleitung   5
Erstes Capitel. Die Ausbildung von Mann und Truppe . . . 19
Zweites Capitel. Die Heranbildung der Führer 27
Drittes Capitel. Die großen Truppenübungen 38